COLECCIÓN EMOCIO

El miedo

La superheroína supersónica

Mireia Canals

Sandra Aguilar

SALVATELLA editorial

© Mireia Canals
Ilustraciones: Sandra Aguilar
© Editorial Miguel A. Salvatella, s. a.
c/ Sant Agustí, 8. 08012 Barcelona
www.salvatella.com

Primera edición: octubre 2014
ISBN: 978-84-8412-815-1
Depósito legal: B-20.742-2014
Imprime: Gervigraf cmyk
Printed in Spain

Introducción

El miedo

La colección Emociones surge con la intención de aportar una nueva herramienta en la labor de guiaje, modelado e inmersión de los niños entre los dos años y medio y los ocho años.

En esta edad es muy importante la prevención colectiva, muy aconsejable desde la escuela, y a la vez la prevención individual desde casa.

Los cinco pilares básicos de la prevención, que en la Unidad de Psicopatología para la Infancia de la UAB están trabajando ya en las escuelas, son los siguientes: el reconocimiento de emociones y sentimientos, saber expresar emociones, enseñar a autocontrolarse, a hacer amigos y aprender a ser responsables. El programa parte de varias premisas, como enseñar el desarrollo emocional y afectivo de la persona, prevenir la conducta disruptiva y finalmente hacer crecer las competencias sociales y personales.

Los cuentos están estructurados alrededor de una historia en la que Ana o Javier pasan por algún tipo de aventura para reconocer, aprender y poner en práctica todo aquello que al niño le provoca miedo, tristeza, alegría, rabia, entre otras emociones. Al final del cuento encontraréis unas actividades pensadas para que los niños puedan entender y expresar la emoción que se trabaja en el cuento. Por otro lado, también se intentará que sea capaz de aprender a medir la emoción para que pueda ser capaz de solucionarlo solo.

Era invierno y hacía mucho frío. Javier se había dormido en el sofá hacía rato. Ana bostezó y le dijo a su madre:

—Mamá, tengo hambre.

Mientras su madre preparaba la cena, Ana puso la mesa.

Por la noche, cuando su madre apagó la luz, Ana ya se había dormido.

La acarició y le deseó buenas noches.

A medianoche, Ana se despertó llorando. Se sentó en la cama, se secó las lágrimas con las manos y vio que todo estaba oscuro.

Se levantó y
corrió hacia la
habitación de
sus padres.

Se quedó de pie
delante de sus
padres, que dormían,
al lado de su madre,
y empezó a hacer
ruido de llorar.

Su madre se despertó y se sentó en la cama de un salto:

—¡Ana! —gritó asustada—. ¿Qué te pasa?

—He soñado —respondió Ana que todavía lloraba— que un monstruo muy grande venía.

—¿Tienes frío? —le preguntó su madre.

—No, no, es que... No sé —le respondió Ana.

Aquella noche, Ana durmió
al lado de su madre.

La noche siguiente, Ana le preguntó si podía dormir con ella.

—Va, entra en tu cama, pequeñita —le dijo su madre.

—¿Y si viene el monstruo?

—No puede venir, porque los monstruos no existen —le respondió su madre.

—Pero yo lo vi —dijo Ana.

—Pues pregúntale cómo se llama, a ver qué te dice, porque es mentira, no existen los monstruos —le dijo su madre.

Esa misma noche Ana volvió a despertarse llorando. Miró a su alrededor y estaba todo oscuro y no oía nada.

Se levantó y se fue corriendo hacia la habitación de sus padres y empezó a hacer ruido de llorar. Otra vez.

Su madre se despertó de repente:
—¡Ana! Ven, pequeña, no tengas miedo,

que ya te he dicho
que los monstruos no
existen —y entró en la
cama de su madre otra vez.

La tercera noche, Ana y su madre estuvieron charlando un rato, mientras papá arropaba a Javier.

—Quiero que pienses en alguien que sea muy fuerte —le pidió su madre.

—¿La persona más fuerte del mundo mundial? —preguntó Ana—. Pues se llamará superheroína supersónica.

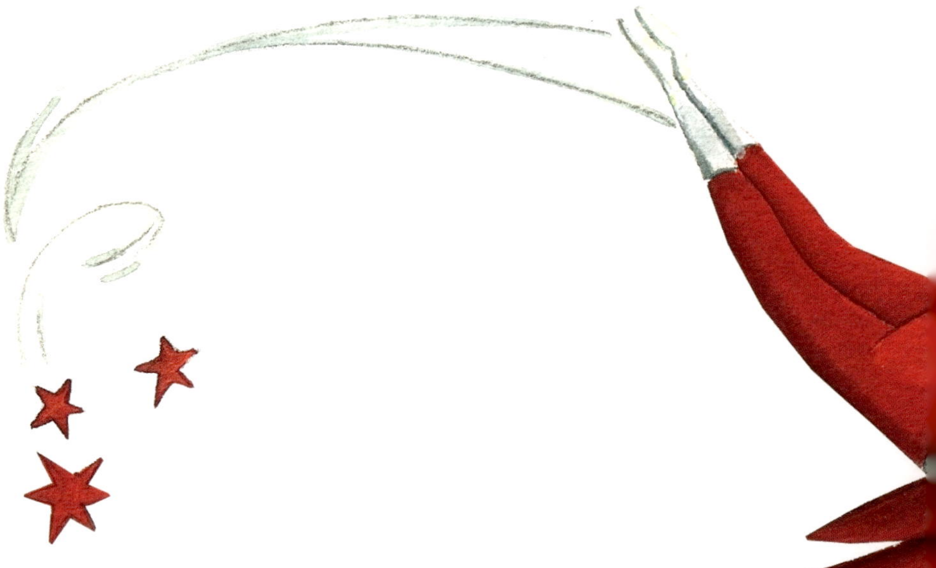

—¿Y cómo es?

—Mira, puede volar porque tiene alas rojas —dijo Ana.

—¿Y puede vencer este monstruo de tu sueño?

—Claro, sí, sí, porque tiene mucha fuerza con los puños y saca luz por los ojos —explicó Ana.

Al día siguiente por la mañana, Ana se levantó muy contenta, y fue a despertar a su madre:

—Mamá, mi superheroína supersónica ha ganado al monstruo del sueño de la noche. Mira, llegó el monstruo y ella, con las alas, le dio un golpe y después los ojos le lanzaron un rayo y lo hizo desaparecer. Pero pasó una cosa muy extraña: cuando me miró, ¡eras tú, mamá! —explicó Ana.

—Veamos, ¿en el sueño yo era una superheroína? —le preguntó su madre.

—Sí, sí, y ahora ya ningún monstruo podrá darme miedo.

Mientras Ana respondía, su madre cerró la puerta del armario dentro del cual se pudieron ver unas alas rojas en una percha.

Y así es como Ana descubrió qué era el miedo y cómo hacerlo desaparecer dentro del sueño de la noche.

Aprendemos del cuento

Estas actividades están pensadas con el fin de que los niños puedan entender y expresar el concepto que se trabaja en el cuento. Por otra parte, también se quiere procurar que el niño sea capaz de aprender a medir el conflicto con el fin de llegar a solucionarlo solo.

1. Localizo el miedo:

- ¿Cómo es el monstruo de la noche de Ana?
- ¿Qué superhéroe vencería a tu monstruo de la noche? Explícanos por qué.

2. Dibujo aquello que me da miedo:

- ¿Qué te da miedo?
- Dibuja aquello que te da miedo en pequeños papeles, por separado. Ahora, pinta cada dibujo con colores.

3. Aprendo a medir el miedo:

- Poneos en grupos de dos personas. Ponemos del revés los dibujos que hemos estado haciendo en la actividad 2. Por turnos, miramos un dibujo y haciendo mímica el otro tiene que saber qué es aquello que describimos con gestos.

4. Pongo en práctica mi aprendizaje:

- Crea tu propia superheroína. Hazla con barro, déjala secar y después puedes pintarla.